LK 351.

HARANGUE

PRONONCÉE EN PRÉSENCE

DE

Monseigneur **DEBELAY**, Archevêque d'Avignon,

Le 20 Mai 1860,

A L'OCCASION DE L'INSTALLATION

DE

M. BERTRAND, Curé d'Apt,

PAR

M. le Maire de la Ville,

LE Dr CAMILLE BERNARD,

Chevalier de la Légion-d'Honneur.

APT,
IMP. J.-S. JEAN, RUE SAINT-PIERRE, 33.
1860.

HARANGUE

PRONONCÉE EN PRÉSENCE

DE

Monseigneur DEBELAY, Archevêque d'Avignon,

Le 20 Mai 1860,

A L'OCCASION DE L'INSTALLATION

DE

M. BERTRAND, Curé d'Apt.

PAR

M. le Maire de la Ville,

LE Dr CAMILLE BERNARD,
Chevalier de la Légion-d'Honneur.

Monseigneur,

La ville d'Apt sent vivement l'honneur que vous lui faites, en venant rehausser de l'éclat de votre présence l'installation de son Curé. C'est une marque d'estime et de bienveillance dont elle est fière pour son ministre, c'est pour elle-même une preuve de sollicitude épiscopale dont elle est heureuse. Veuillez, Monseigneur, recevoir et nos hommages et nos remerciments, puis nous permettre de répondre complètement aux vœux publics, en manifestant notre joie et nos espérances à celui que Votre Grandeur nous a donné.

Monsieur le Curé,

Vous venez à nous au nom du Ciel ; au nom du Ciel nous vous disons : soyez le bien-venu dans la cité qui — jadis — reçut le nom de ville Sainte.

Ce titre que valurent à la ville d'Apt le nombre des célestes intermédiaires dont elle avait été la patrie, la multiplicité des monuments religieux, des maisons de sainteté qui la protégeaient, et par dessus tout l'insigne honneur de posséder les restes sacrés de l'Aïeule du Christ; ce titre est le premier que nous devions produire, comme la distinction la plus flatteuse pour votre mandat apostolique; c'est aussi le motif le plus puissant que nous ayons de vous féliciter. Mais avant de vous découvrir l'auréole de l'église dont vous devenez le pasteur, nous devons nous féliciter nous-mêmes.

A peine la ville d'Apt a-t-elle eu payé un juste tribut de regrets à votre prédécesseur de charitable mémoire, que toutes les âmes ont aspiré à être consolées par la prompte arrivée d'un nouveau pasteur, digne de ses devanciers.

Cette aspiration, toutefois, a été dégagée de moyens humains propres à la satisfaire, tels que désignation de personnes, sollicitations en leur faveur. Confiants dans le gouvernement providentiel qui domine l'ordre visible, et dans l'autorité ecclésiastique qui connaît nos besoins, nous n'avons éprouvé aucune préférence, articulé aucun nom propre. Mais sachant qu'au milieu de ce large apanage de vertus qui est le lot de tout membre du clergé de notre diocèse, il est dévolu à chacun des dons variés, des talents différents, des aptitudes plus ou moins heureuses qui répondent au tempérament moral de chaque paroisse, nous nous sommes permis de nommer les qualités spéciales dont nous aimions que notre nouveau pasteur fût doté.

Ainsi — durant la viduité de notre Église — nous avons demandé un ministre qui, non seulement nous ouvrît la voie sainte, mais qui eût assez d'élan pour prendre à propos l'initiative dans le champ des améliorations ; assez d'énergie pour exciter notre langueur, réprimer notre zèle s'il devenait inconsidéré ; assez de condescendance pour accueillir impartialement nos réclamations et les juger.

Nous avons demandé un ministre qui, pour mieux prévenir nos égarements, ou pour nous ramener plus vite au bercail, eut l'âme indulgente, le cœur enclin à la mansuétude et la parole douce comme celle du Maître.

Dans notre désir de le voir exercer salutairement l'empire sur les esprits, nous avons demandé un ministre qui ne fût étranger à rien de ce qui honore l'intelligence de l'homme; estimant les lettres divines et les lettres humaines, les sciences et les arts, comme des émanations du même foyer, d'où découlent toute vérité, toute beauté.

Pour assurer — par l'heureuse entente de l'autorité pastorale et de l'autorité municipale — le maintien de l'ordre, le respect de la religion et de la morale publique, la défense des intérêts de tous, nous avons demandé un ministre qui eût un caractère ami de la paix, porté à la conciliation; qui payât généreusement à César ce que nous devons à César, et dans l'âme duquel, à côté de l'amour du bien, fût empreinte la bonté; la bonté ce reflet de Dieu, qui facilite, qui rend aimables les relations sociales et nous pousse au dévouement.

Ces demandes — Monsieur le Curé — nous les avons fait entendre en substance par une bouche autorisée, (1) et Sa Grandeur qui, dans le discernement de vos aptitudes et de nos besoins avait prévenu nos manifestations, a répondu par votre nom. Et votre nom est devenu pour nous un sujet de satisfaction, et d'espérances doublement garanties ; car en même temps qu'un chef hautement éclairé vous choisissait par sa propre inspiration, vos pairs applaudissaient unanimement.

Appelé aux fonctions pastorales, vous les auriez redoutées, dit-on, et nous ne vous devrions qu'à votre obéissance. Mais une heureuse expérience dans la conduite des sujets ayant un caractère et des mœurs opposés — nous voulons dire les héros guerriers et les filles du ciel (2) — ne vous assure-t-elle pas du succès au milieu d'une population qui s'agite dans le siècle ? Ne venez-vous pas dans une cité amie, où le zèle et la régularité de vos coopérateurs commandent le respect et l'amour ? Voyez les flots du peuple Aptésien se pressant autour de vous. Premier administrateur de l'arrondissement, magistrats de l'ordre judiciaire, fonctionnaires, employés, notables, tous sont venus fêter votre avènement et prendre part à l'alliance du pasteur et du troupeau.

Et puis — en poursuivant nos encouragements — si les malheurs des temps qui nous ont enlevé nos pieuses retraites, nos monuments sacrés ; qui ont rétréci le cercle dans lequel étaient vénérés nos divins protecteurs, nous

---

(1) Le R. P. Maurel.

(2) M. Bertrand a dirigé — comme aumônier — 7 ans les Invalides, et 10 ans les Sœurs de la Conception.

ont privés d'une partie du nom de ville sainte, le monument dédié à notre toute puissante gardienne reste debout sur la colline (1); notre antique protectorat nous l'avons toujours aux pieds de Dieu, et l'esprit religieux vit encore ici; une preuve, c'est que de concert avec de saintes récluses (2), nous sommes en instance auprès de Sa Grandeur, pour obtenir une fondation nouvelle que le pays accueillerait avec empressement et reconnaissance, comme un bouclier précieux.

D'autre part, les honorables conseillers temporels de la paroisse, pleins du désir de vous seconder dans tout ce qui est du domaine de leurs attributions, vous attendent pour dresser le programme des moyens propres à restituer au culte de Ste-Anne son étendue et sa splendeur anciennes.

C'est là, Monsieur le Curé, un des bonheurs qui vous sont réservés; et ce n'est pas le moindre sujet de nos félicitations. Oui, vous êtes heureux d'être le pasteur d'une église privilégiée, autour de laquelle rayonne l'auréole que nous allons faire briller à vos yeux.

S'il est vrai que les nobles exemples entretiennent le feu sacré allumé là-haut, exaltent la pensée du devoir et poussent à l'héroïsme chrétien, personne plus que le pasteur de l'église d'Apt n'a à s'applaudir: la succession de sainteté, de science laissée par ses devanciers sur les échelons divers de la hiérarchie pastorale, constitue le plus riche héritage.

Nous vous félicitons donc, Monsieur le Curé, d'avoir été élevé à la tête d'une église qui compte pour ses chefs d'ardents propagateurs de la foi, d'éminents pontifes,

---

(1) Chapelle de Notre-Dame-de-la-Garde.
(2) Les dames Carmélites d'Arles.

d'éloquents pasteurs. Sur cette terre, dépositaire du corps humainement transmis à la Reine du ciel et au Sauveur du monde; arrosée du sang des Auspice; pénétrée des vertus de la pléïade Aptésienne — les Castor, les Martian, les Elzéar, les Delphine ; fière de la science des Foresta; retentissante encore de la parole des Beauchamp; sur cette terre bénite, vous allez continuer la chaîne pastorale destinée à transmettre jusqu'aux derniers jours la vérité, comme un courant inaltéré.

Ces glorieux modèles, par votre exemple—Monsieur le Curé — vous nous apprendrez à les imiter ; et cette sublime mission que vous avez déjà si dignement, si efficacement remplie ailleurs, nous en avons la profonde confiance, vous l'accomplirez parmi nous, à la pleine satisfaction du ciel et de la terre.

Apt, Imp. J.-S. JEAN, rue Saint-Pierre, 33.

67

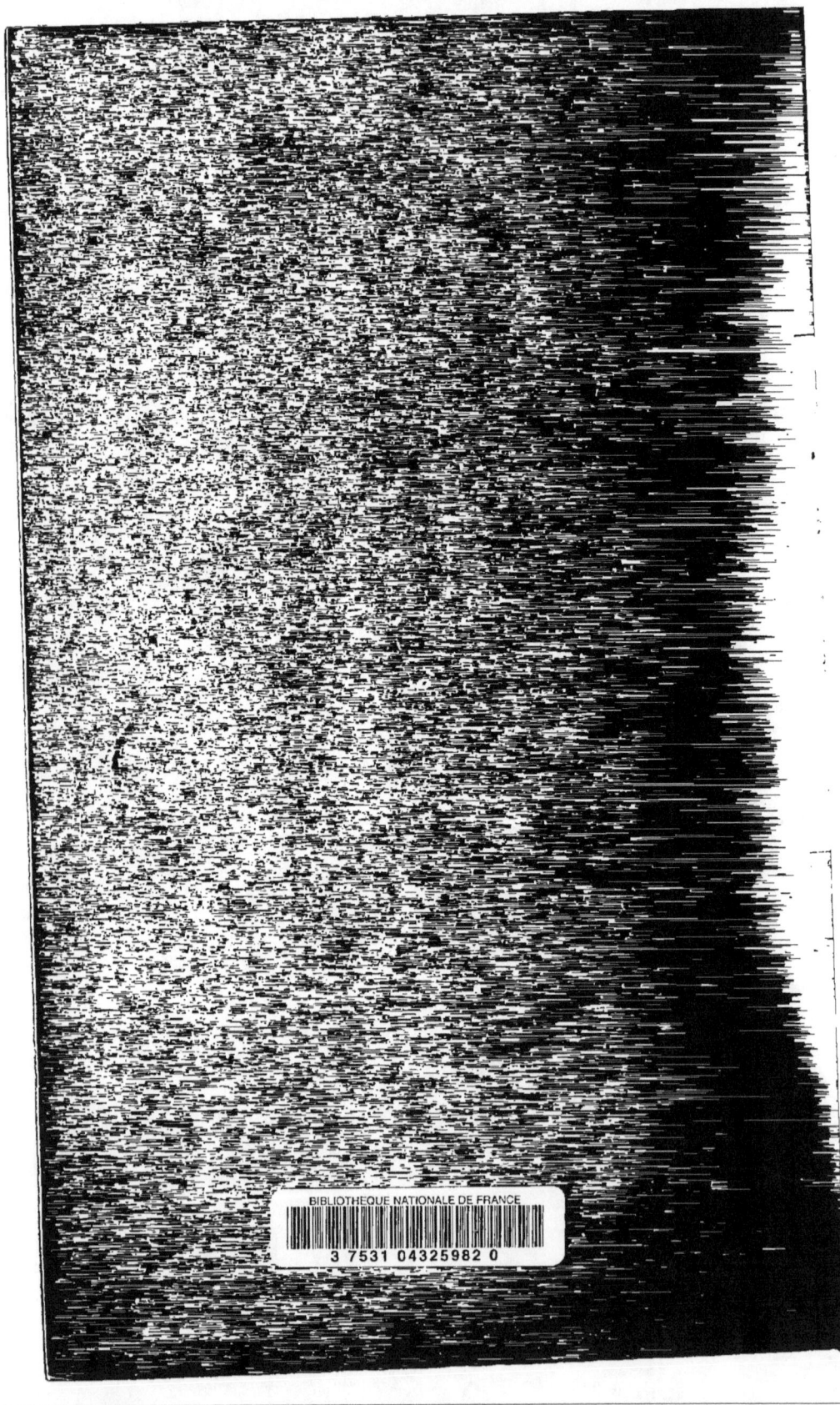

www.ingramcontent.com/pod-product-compliance
Lightning Source LLC
Chambersburg PA
CBHW071449060426
42450CB00009BA/2353